I LOVE TO EAT FRUITS AND VEGETABLES
AMO MANGIARE FRUTTA E VERDURA

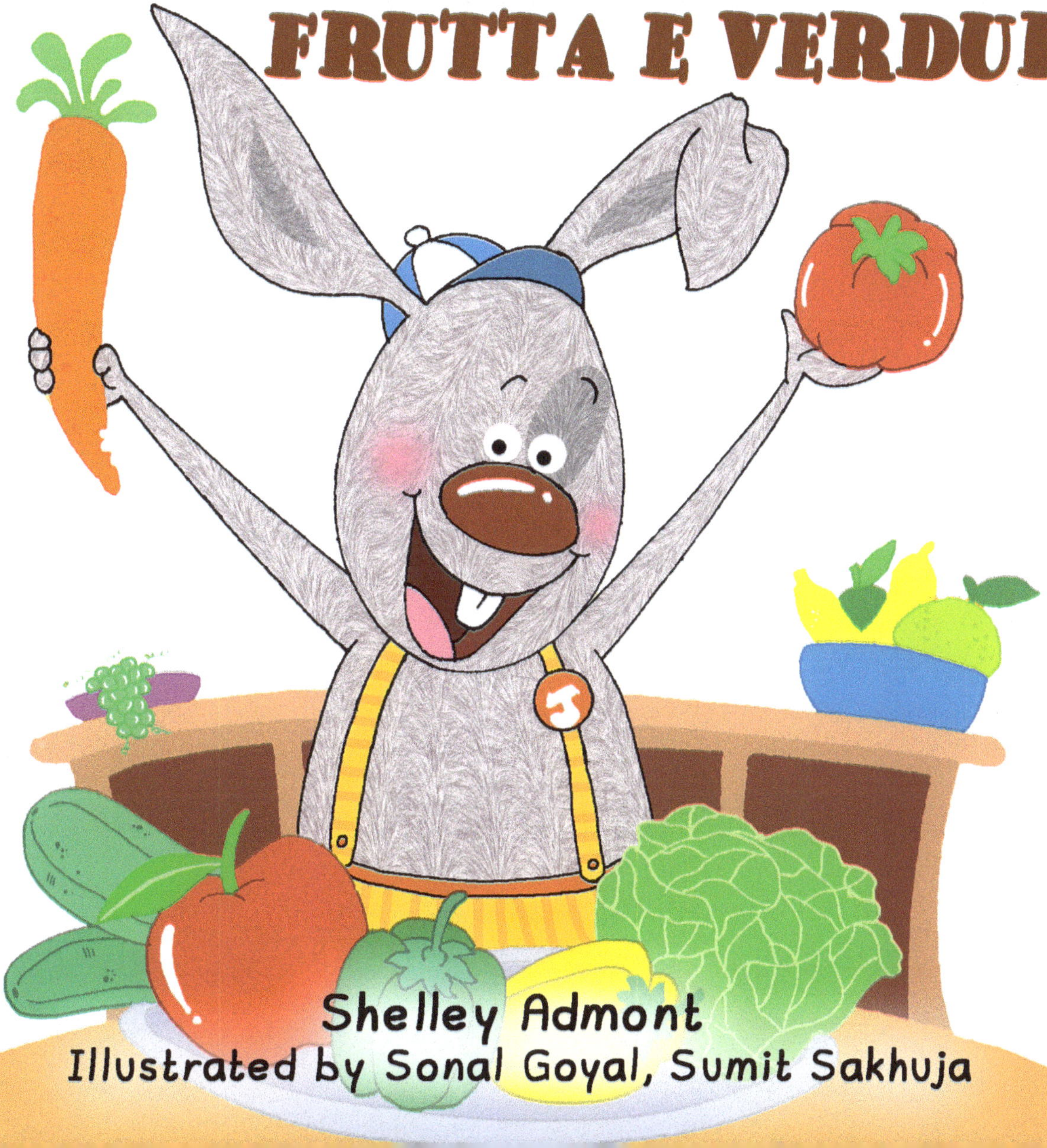

Shelley Admont
Illustrated by Sonal Goyal, Sumit Sakhuja

www.kidkiddos.com
Copyright©2014 by S.A.Publishing ©2017 by KidKiddos Books Ltd.
support@kidkiddos.com

All rights reserved. No part of this book may be reproduced in any form or by any electronic or mechanical means, including information storage and retrieval systems, without written permission from the publisher or author, except in the case of a reviewer, who may quote brief passages embodied in critical articles or in a review.

Tutti i diritti sono riservati. Nessuna parte di questa pubblicazione può essere riprodotta, memorizzata in sistemi di recupero o trasmessa in qualsiasi forma o attraverso qualsiasi mezzo elettronico, meccanico, mediante fotocopiatura, registrazione o altro, senza l'autorizzazione del possessore del copyright.

Second edition, 2019

Translated from English by Annalisa Langone
Traduzione dall'inglese a cura di Annalisa Langone

Library and Archives Canada Cataloguing in Publication
I Love to Eat Fruits and Vegetables (Italian Bilingual Edition)/ Shelley Admont
ISBN: 978-1-5259-1649-6 paperback
ISBN: 978-1-77268-445-2 hardcover
ISBN: 978-1-926432-76-2 eBook

Please note that the Italian and English versions of the story have been written to be as close as possible. However, in some cases they differ in order to accommodate nuances and fluidity of each language.

For those I love the most—S.A.
Per quelli che amo di più—S.A.

It was an hour before lunch. Jimmy, a little bunny, was playing with his two older brothers.

Mancava un'ora al pranzo. Jimmy, il piccolo coniglietto, stava giocando con i suoi due fratelli più grandi.

"I really feel like eating something sweet," said Jimmy suddenly.

"Ho davvero voglia di mangiare qualcosa di dolce" disse improvvisamente Jimmy.

"We can't eat candy before lunch," said the oldest brother. "You know we're not allowed, Jimmy."

"Non possiamo mangiare dolci prima di pranzo" disse il fratello maggiore. "Lo sai, Jimmy, che non possiamo."

"It's better to eat apples or grapes," said the middle brother. "They're sweet and tasty."

"E' meglio mangiare delle mele o dell'uva" continuò l'altro fratello. "Anche le mele e l'uva sono dolci e gustose."

"Yuck, I don't like eating fruits," said Jimmy.
"Bleah, la frutta non mi piace" disse Jimmy.

"But guess what? I saw that Mom bought some new candies yesterday," Jimmy whispered. "I'm going to take some. Who's joining me?"
"Indovina!?! Ho visto che la mamma ieri ha comprato delle nuove caramelle. Le ha poi nascoste in un armadietto in cucina" sussurrò Jimmy. "Vado a prenderne qualcuna. Chi viene con me?"

"Not me," answered his eldest brother.
"Io no" rispose il fratello maggiore.

"I'm not coming either," replied his middle brother.
"Anch'io non vengo" rispose l'altro fratello.

The two older brothers went back to their toys. Jimmy slowly made his way to the kitchen.

I due fratelli più grandi tornarono ai loro giochi. Jimmy iniziò lentamente ad avvicinarsi alla cucina.

He left the room and looked around to check that nobody was watching.

Uscì dalla camera ed iniziò a guardarsi intorno per controllare che non ci fosse nessuno.

When he got to the kitchen, the table was already prepared for lunch.

Quando arrivò in cucina, il tavolo era già pronto per il pranzo.

Each bunny had his own plate. The oldest brother had the blue plate, and the middle brother had the green one. The orange plate was for Jimmy.

Ogni coniglietto aveva il suo piatto. Il piatto blu era del fratello maggiore, il piatto verde era del secondogenito ed il piatto arancione era di Jimmy.

In the center of the table was a big bowl filled with fresh vegetables.

Al centro del tavolo c'era una grande insalatiera piena di verdura fresca.

Ugh! I'm not going to eat THAT, Jimmy thought to himself.

Bleah! Non mangerò QUESTE cose, pensò Jimmy.

He went over to the cupboard and spotted the bag of candy. But the cupboard was so high that Jimmy was unable to reach it.

Andò verso l'armadietto in cui aveva visto la mamma riporre il sacchetto di caramelle. L'armadietto era troppo alto e Jimmy non riusciva a raggiungerlo.

He took one of the chairs and moved it nearer to the cupboard. He climbed up onto it, but he still wasn't able to reach the shelf!

Prese una sedia e la spostò vicino all'armadietto. Ci salì sopra, ma ancora non riusciva a raggiungere quel ripiano!

Jimmy got back down and looked around again. This time, he took a large empty pot and turned it upside down. He put the pot on the chair and then climbed up.

Jimmy scese dalla sedia e continuò a guardarsi intorno. Questa volta prese una grande scodella vuota e la capovolse. Mise la scodella sulla sedia e poi ci salì sopra.

Now, he was able to see the highest shelf. In the far corner of the shelf, there it was a huge bag full of candy! But...he still wasn't able to touch it. He needed to be a tiny bit higher.

Ora poteva vedere il ripiano più alto. Nell'angolo più lontano del ripiano c'era un sacchetto grande pieno di caramelle! Ma... ancora non riusciva ad afferrarle. Aveva bisogno di un pochino di altezza in più.

What else can I use? thought Jimmy while getting down. He saw his mom's huge cookbook. "That's exactly what I need!" he said happily as he grabbed the book.

Cos'altro posso utilizzare? pensò Jimmy scendendo dalla sedia. Vide l'enorme libro da cucina della mamma. "Quello è esattamente ciò di cui ho bisogno!" esclamò contento afferrando il libro.

He put the cookbook on the upside-down pot and again started slowly climbing up.

Mise il libro da cucina sulla scodella capovolta ed iniziò di nuovo ad arrampicarsi lentamente.

But as Jimmy reached for the bag of candy, the chair began to rock. Jimmy quickly lost his balance and fell flat on the ground.

Ma appena Jimmy raggiunse il sacchetto di caramelle, la sedia iniziò ad oscillare. Jimmy perse l'equilibrio e cadde a terra.

The pot fell next to him with a loud bang. The cookbook came next, and it landed right on poor Jimmy's head.

La ciotola cadde vicino a lui e fece un gran rumore. Subito dopo cadde il libro da cucina e finì proprio sulla testa del povero Jimmy.

Suddenly, something strange happened. As Jimmy looked up at the cupboard, it seemed as if it was getting higher and higher.

Improvvisamente, accadde qualcosa di strano. Jimmy guardò verso l'armadietto, e gli sembrava come se questo diventasse sempre più alto.

"Oh, no! Will I stay this small forever?" Jimmy screamed.
"Oh, no! Rimarrò così piccolo per sempre?" urlò Jimmy.

"Don't cry, Jimmy," said the oldest brother. "We will figure something out. Let's just clean up this mess quickly before Mom comes in."
"Non piangere" disse il fratello più grande. "Risolveremo tutto. Adesso puliamo questo disastro prima che arrivi la mamma."

Just as the brothers finished putting everything back in its place, Jimmy's mother walked into the kitchen.
Appena i fratelli finirono di mettere tutto in ordine, la mamma di Jimmy entrò in cucina.

"We're going to eat lunch soon. Where's Jimmy?" Jimmy hid behind his older brothers, listening to every word.
"Preparo subito il pranzo. Dov'è Jimmy?" Jimmy era nascosto dietro i suoi fratelli ed ascoltava ogni parola.

"Uh, uh…," stuttered his middle brother while thinking of what to say.

But the older brother was very smart. "Mom," he said. "If someone wants to grow quickly and be big, tall, and strong, what do they need to do?"

Ma il fratello maggiore era molto intelligente. "Mamma," chiese. "Se qualcuno vuole crescere rapidamente ed essere grande, alto e forte, cosa deve fare?"

"They need to make sure that they eat their fruits and vegetables," his mother answered. "They contain lots of good vitamins and minerals that help the body grow faster."

"Bisogna assolutamente mangiare frutta e verdura" rispose la mamma. "Questi alimenti contengono molte vitamine e minerali che aiutano il corpo a crescere velocemente."

"Now, you can sit down at the table, and I will call Dad and Jimmy," their mother said while walking out of the kitchen.

"Ora potete sedervi a tavola ed io vado a chiamare papà e Jimmy" disse la loro mamma uscendo dalla cucina.

The oldest brother turned around to Jimmy. "Quick, Jimmy! You have to eat your fruits and vegetables so that you can grow fast."

Il fratello maggiore si girò verso Jimmy. "Presto! Devi mangiare la frutta e la verdura così crescerai rapidamente."

"No way!" screamed Jimmy, "I don't even like fruits or vegetables!"

"Neanche per idea!" urlò Jimmy, "Non mi piace né la frutta né la verdura!"

"Do you want to stay this way forever then?" his middle brother asked.

"Allora vuoi rimanere per sempre così piccolo?" gli chiese l'altro fratello.

"Of course not!" replied Jimmy.

"Certamente no!" rispose Jimmy.

"So eat some vegetables," said the oldest brother. "Maybe you'll even like them." He quickly took a carrot from the plate on the table and slipped it in Jimmy's mouth.

"Quindi mangia un po' di verdura" disse il fratello maggiore. "Vedrai che ti piacerà!" Prese rapidamente una carota dal piatto sul tavolo e la mise in bocca a Jimmy.

"Ummm...this is sweet and tasty," Jimmy said as he chewed his carrot with his strong, white teeth.

"Ummm...è dolce ed anche gustosa" disse Jimmy masticando la sua carota con i suoi forti denti bianchi.

All of the sudden, he felt a strange tingly feeling spreading all over his body—it was just like magic.

Improvvisamente, sentì uno strano formicolio diffondersi su tutto il suo corpo — proprio come una magia.

"Jimmy, look! You've grown a bit!" shouted the oldest brother happily.

"Jimmy, guarda! Stai crescendo!" urlò felice il fratello maggiore.

"Here, eat something else," the middle brother said. He gave Jimmy a juicy cucumber from the bowl.

"Ecco, mangia qualcos'altro" aggiunse l'altro fratello. Prese un cetriolo succoso dall'insalatiera e lo diede a Jimmy.

With every bite, he felt his body getting stronger and stronger. He was growing!

Ad ogni boccone, sentiva il suo corpo diventare sempre più forte. Stava crescendo!

"Jimmy, you're finally yourself again," his oldest brother shouted and ran over to hug him.

"Jimmy, finalmente sei come prima" urlò il fratello maggiore correndo verso di lui per abbracciarlo.

Jimmy's middle brother hugged him, too. "How are you feeling now?" he asked.

Anche l'altro fratello abbracciò Jimmy. "Come ti senti adesso?" gli chiese.

"I feel great and full of energy. And you know what?" Jimmy added, "these fruits and vegetables are really tasty. You were right. I should have tried them before!"

"Mi sento benissimo e pieno di energia" rispose Jimmy. "E vuoi sapere una cosa? Questa frutta e questa verdura sono davvero molto gustose. Avrei dovuto assaggiarle prima!"

All three brothers began to laugh loudly and jump around.

Tutti e tre i fratelli iniziarono a ridere intensamente e a saltare da una parte all'altra.

A few minutes later, Jimmy's parents entered the kitchen. "Great, everyone's here," said Dad.

Dopo pochi minuti, i genitori di Jimmy entrarono in cucina. "Bene, siete qui" disse il papà.

"I'm happy that everyone's in such a good mood," said Mom. "What a great way for us to start lunch! Don't forget to wash your hands!"

"Sono felice di vedervi così di buon umore" continuò la mamma. "E' molto bello iniziare così il pranzo! Non dimenticate di lavarvi le mani!"

The entire happy family sat around the large table and began eating all the tasty things there. Even Jimmy finished his whole plateful.

Tutta la famiglia si sedette intorno al grande tavolo ed iniziarono a mangiare tutti quei cibi gustosi. Anche Jimmy finì tutto il suo piatto.

From that day on, Jimmy liked eating all his fruits and vegetables. Sometimes, he still eats candy but only a little and only after his meals.

Da quel giorno in poi, a Jimmy piacque mangiare tutta la frutta e la verdura. A volte, mangia ancora caramelle, ma poche e solo dopo i pasti.

www.ingramcontent.com/pod-product-compliance
Lightning Source LLC
Chambersburg PA
CBHW061142070526
44584CB00033B/4400